Bärbel Wilde

Einfach Kind sein

mediaKern

Einfach Kind sein ist nicht einfach

Wie leicht können Lieblosigkeit und Unachtsamkeit Schaden anrichten im Leben eines Kindes.
Wie schnell ist ein Schritt in die falsche Richtung gemacht.
Verkehrte Weichenstellungen können ein ganzes Leben in eine verderbliche Richtung lenken.
Kinder brauchen uns.
Sie brauchen unsere Fürsorge, Zuwendung, Liebe, Ermutigung, Zeit und unser Verständnis.
Kinder brauchen ein Zuhause, das für sie wie ein Platz an der Sonne ist.
Freude, Frieden, Freiheit, Zuversicht, Vertrauen und Geborgenheit erst ermöglichen es ihnen, einfach Kind zu sein.

Jedes Kind ist ein großes Wunder –
wir brauchen keine Wunderkinder aus ihnen zu machen.

Kinder sind eine Gabe Gottes –
wer sie zu Herrgöttern macht, treibt Götzendienst.

Gottes Grenzen sind gut für unser Leben; denn Gott liebt uns.
Keiner ist ihm zu klein. Jesus wollte auch die Kleinsten
in seiner Nähe haben.

Darum brauchen Kinder Menschen ...

... die in der Nähe Jesu leben und ihnen den Weg zu ihm weisen können.
Menschen, die für sie und mit ihnen beten.

Kinder brauchen Vorbilder. Und Kinder sind Vorbilder.

Jesus macht sie zu Testpersonen unseres Glaubens. An ihnen lernen wir, einfach glauben zu können.

Gott hat es den Weisen und Klugen verborgen und
es den Unmündigen offenbart.
(Matthäus 11,25)

Ein Kind lässt sich beschenken. Wir meinen, was wir bekommen, müssen wir verdienen.
Doch das Himmelreich bekommen wir nur geschenkt. Wir können es uns nicht erarbeiten.
Nur wenn wir uns von Gott einfach wie ein Kind beschenken lassen,
ist unsere Zukunft ein ewiges Zuhause.

Wir brauchen Gott.

Eines sollten wir nicht verlernen:
den staunenden Anblick des Kindes.

»Die Seele nährt sich von dem,
woran sie sich freut.«

Augustin

Die Großen brauchen die Kleinen

»Kinder sind unser größter Schatz. Alles müssen wir einst von unserem Glück und Reichtum in der Welt zurücklassen, aber sie hoffen wir mit in den Himmel zu nehmen.«

Martin Luther

»Die Jünger traten zu Jesus und fragten: Wer ist doch der Größte im Himmelreich? Jesus rief ein Kind zu sich und stellte es mitten unter sie und sprach: Wahrlich, ich sage euch: Wenn ihr nicht umkehrt und werdet wie die Kinder, so werdet ihr nicht ins Himmelreich kommen. Wer nun sich selbst erniedrigt und wird wie dies Kind, der ist der Größte im Himmelreich. Und wer ein solches Kind aufnimmt in meinem Namen, der nimmt mich auf. Wer aber einen dieser Kleinen, die an mich glauben, zum Abfall verführt, für den wäre es besser, dass ein Mühlstein an seinen Hals gehängt und er ersäuft würde im Meer, wo es am tiefsten ist.«

Matthäus 18,1–6

»Und sie brachten Kinder zu ihm, dass er sie anrührte. Die Jünger aber fuhren die an, die sie trugen. Da es aber Jesus sah, ward er unwillig und sprach zu ihnen: Lasset die Kindlein zu mir kommen und wehret ihnen nicht; denn solcher ist das Reich Gottes. Wahrlich, ich sage euch: Wer das Reich Gottes nicht empfängt wie ein Kindlein, der wird nicht hineinkommen. Und er herzte sie und legte die Hände auf sie und segnete sie.«

Markus 10,13–16

Kinder brauchen Gott

»Gottes Hände halten mich gleich dem Sternlein in der Bahn;
keins fällt je aus Gottes Plan.«

Arno Pötzsch

Irgendwann kommt der Augenblick: Unser Kind geht selbstständige Schritte – sucht eigene Wege.
Die Freude über »Unser Kind kann schon gehen« wird im Verlauf der Jahre zu der bangen Frage:
»Wo geht unser Kind hin?«
Wir werden es nicht mehr überall begleiten können. Unsere Hände reichen nicht aus, um zu bewahren.
Es muss alleine gehen.
Es kommt der Zeitpunkt, an dem Kinder die Hand der Eltern loslassen. Sie können und wollen jetzt ihre eigenen Wege gehen.
Aber Eltern und Kinder merken, dass jeder Mensch einen Halt braucht und Orientierung.
Es gibt Sackgassen – Irrwege – Umwege – Abwege.
Welch eine tröstliche Zusage, dass Gott seine Hand nicht von uns abzieht. Seine Hand reicht aus.
Sie hält uns. Sie bewahrt uns. Sie leitet uns zum Ziel.
Das wäre das Schlimmste, wenn ich mich aus seiner Hand befreien wollte.

Kinder brauchen Fürsorge

Jedes vierte Kind in der Dritten Welt erlebt seinen fünften Geburtstag nicht mehr.

Gebet eines Kindes

»Guter, großer Gott! Mutter sagt, es gibt Kinder in der Welt, die den ganzen Tag kein Essen haben, keinen Kakao und kein Butterbrot morgens, kein Gemüse und Pudding mittags, keine Wurstschnitte abends.
Schicke ihnen doch Freunde, die ihnen zu essen geben. Lass auch uns ihre Freunde sein und, wenn wir groß sind, ihnen auch gerne helfen.«

Kinder brauchen Freude

»Wohl denen, die in ihren Kindern den Sinn dafür bewahren, dass kleine Dinge sie freuen.«

Jeremias Gotthelf

Ein Kind – überschüttet mit Spielzeug – verliert die Freude und die Dankbarkeit für das Kleine.
Geschenke eignen sich auch nicht zur Beruhigung des elterlichen Gewissens.
Übermäßige Zuteilung darf kein Ersatz für mangelnde Zuwendung sein.
Für ein Kind kann ein Holzstück ein Wertgegenstand sein.
Die Erzählung des Vaters kann eine unauslöschliche Spur in seiner Seele hinterlassen.
Eine blühende Blume wird zu einem großen Geheimnis.
Eine Schildkröte ist ein Freund.
Dankbarkeit gibt dem Leben einen weiten Horizont. Dankbare Menschen sind fröhliche Menschen.
Die Kinder lehren uns die Freude an kleinen Dingen. Glücklich sind, die sich diese Freude auch im Alter nicht nehmen lassen und sie ihren Kindern nicht nehmen.
Wer könnte mehr der Adressat unserer Dankbarkeit sein als Gott.

Kinder brauchen Gebet

»Ach lieber Herre Jesu Christ, weil du ein Kind gewesen bist,
so gib auch diesem Kindelein dein Gnad' und auch den Segen dein.
Ach Jesu, Herre mein, behüt dies Kindelein.«

»Unser Kind kann schon Mama sagen!«
Die ersten Worte des Kindes! Welche Freude lösen sie bei den Eltern aus.
Gott freut sich über die ersten – vielleicht gestammelten – Sätze, mit denen wir uns an ihn wenden.
Manche Eltern lernen wieder beten – weil sie merken, welch großer Schatz ihnen mit ihrem Kind anvertraut ist. Sie wünschen ihrem Sohn, ihrer Tochter das Beste. Und sie sorgen sich um die Zukunft.
Das Wichtigste und das Allerbeste, was sie ihrem Kind mit auf den Weg geben können, ist das Vertrauen zu Gott.
Gott wartet auf das Gespräch mit uns.
Mit dem Gebet können wir einen anderen Menschen begleiten. Im Gebet stellen wir ihn unter die Aufmerksamkeit Gottes, unter seinen Segen.
Noch besser, als mit den Kindern über Gott zu reden, ist, mit Gott über die Kinder zu reden.
Er will immer bei ihnen sein.
Indem wir für sie und mit ihnen beten, lehren wir sie beten.

Kinder brauchen Frieden

»Ich habe eine Überzeugung: Der größte Zerstörer des Friedens ist heute der Schrei des unschuldigen, ungeborenen Kindes. Wenn eine Mutter ihr eigenes Kind in ihrem Schoß ermorden kann, was für ein schlimmeres Verbrechen gibt es dann noch, als wenn wir uns gegenseitig umbringen. Sogar in der Heiligen Schrift steht: ›Selbst wenn die Mutter ihr Kind vergessen könnte, ich vergesse es nicht.‹ Aber heute werden Millionen ungeborener Kinder getötet, und wir sagen nichts.«

Mutter Teresa

Kinder brauchen Zeit

»Ein Kind ist ein Buch, aus dem wir lesen und in das wir schreiben sollen.«
Peter Rosegger

Unsere Worte hinterlassen Spuren.
Unsere liebevollen – aufbauenden – Mut machenden – fröhlichen – mahnenden – leisen – zärtlichen Worte, aber auch
unsere hässlichen – verletzenden – ärgerlichen – geschrienen – vernichtenden – lauten – strafenden Worte.

Kinder brauchen Zuspruch. Aber sie brauchen auch jemanden, der ihnen zuhört. Zeit zum Hören.
Zeit, um auch die leisen Töne zu hören. Zeit, das Unausgesprochene nicht zu überhören.
Wenn ich mir nicht die Zeit nehme, auf die Gedanken des anderen zu lauschen, wird es unmöglich sein, das richtige Wort zur richtigen Zeit zu sagen.
Was wir in das Buch unserer Kinder schreiben, wird als Segen oder Fluch darin bleiben.
Zeit haben – um Gott zu bitten für das richtige Hören und Reden.

Kinder brauchen Zuversicht

»Der Herr ist mein Hirte. Er führet mich zum frischen Wasser.«
Psalm 23,1a,2b

»Wenn mein Papa da ist, hab ich auch im Dunkeln keine Angst.« Ich bin zuversichtlich, wenn ich nicht allein bin.

Wie ein Kind sich sicher fühlt in der Nähe seines Vaters, so dürfen wir geborgen sein, wenn wir an die Gegenwart unseres himmlischen Vaters glauben. Das Wissen, dass Gott mich beschützt, nimmt mir die Angst. Gott, der Herr, behütet mich wie ein Hirte seine Herde.

Er kennt den Weg und das Ziel.
Er übernimmt für mich die Verantwortung.
Er führt mich.
Er sorgt für mich.
Er gibt mir neue Kraft.
Er tröstet mich.

Und wenn dunkle Wegstrecken kommen? Tiefe Täler? Dann weicht Gott nicht von meiner Seite.

Der Glaube ist eine nie versiegende Quelle der Zuversicht. Unser Kinderglaube kann unser Trost im Alter sein. Was wir als Kind über Gott erfahren haben, prägt sich ganz fest bei uns ein.

»Gott macht Blumen und Käferlein, ja alles Groß und Klein.
Und er vergisst uns Kinder nicht, ich weiß, es kann nicht sein.«

Kinder brauchen Zuwendung

»Fürchte dich nicht, denn ich habe dich erlöst;
ich habe dich bei deinem Namen gerufen; du bist mein!«
Jesaja 43,1

Gott wendet sich uns zu. Er spricht mit uns. Er nennt unseren Namen.
Jeder Mensch braucht Zuwendung.
Mit einem Lächeln, einer Bewegung nimmt schon das Kleinkind Kontakt auf und beantwortet ihn.
Durch liebevolle Zuwendung erfährt es Geborgenheit.
Der Kaiser Barbarossa soll einmal einen Versuch mit Säuglingen gemacht haben. Er ließ sie pflegen und versorgen. Aber er verbot den Pflegerinnen, mit den Kindern zu reden. Er wollte feststellen, wann die Sprache aus ihnen »herausbräche«. Aber die Kinder sprachen nicht. Sie starben.
Ein Kind braucht die Sprache der Mutter. Sie prägt es für sein ganzes Leben. Wenn ihre Zuwendung fehlt, wird es entweder teilnahmslos, gleichgültig, seelenlos oder streitsüchtig und ichbezogen.
Einsame Kinder sind gefährdet.
Nähe, Zuverlässigkeit, Umsorgt- und Gehaltenwerden sind schon für den Säugling wichtige Voraussetzungen für die weitere Entwicklung. Ein Kind, bei dem man Zärtlichkeit mit Verzärteln und Zuwendung mit Verwöhnen verwechselt, wird dieses Erleben in seinem Langzeitgedächtnis behalten. Dies wird alle seine Beziehungen beeinflussen. Das Kind versucht später, die fehlende Zuwendung durch etwas anderes zu ersetzen. Schulisches Versagen, Bandenbildung, Drogenabhängigkeit, Mangel an Vitalität können die Folgen sein. Es ist schlimm, wenn die Erfahrung des Urvertrauens fehlt.

Kinder brauchen ein Zuhause

»Schenkt den Kindern eine fröhliche Heimat, wo sie gerne sind.
Stellt sie im Elternhaus in eine Atmosphäre, wo der Geist Gottes weht.
Lasst den Herrn Jesus Christus so regieren im Hause, dass sich keines ihm entziehen kann.«
Wilhelm Busch

Die Umgebung kann ein Kind entwickeln oder vernichten. Ein »Egoismus zu zweit« macht ein Kind heimatlos. Es ist schlimm, wenn das Wort »Ich komme nach Hause« keine Saite in unserer Seele zum Schwingen bringt.
Es gibt viele, die kein Zuhause mehr haben. Heimatlos sind sie geworden. Ihnen bleibt nur die Sehnsucht nach dem Verlorenen. Andere haben ein »Zuhause« – aber es bedeutet ihnen nichts mehr. Ihnen bleiben nur eine dunkle Erinnerung und ein schmerzliches Vermissen.
Jesus erzählt die Geschichte vom verlorenen Sohn. Er hat sich von seinem Vaterhaus gelöst. Aber es blieb seine Heimat. Das hing mit der Liebe des Vaters zusammen. Er konnte zurückkommen.
Er kam nach Hause. Gottes Vaterherz hört nicht auf, für uns zu schlagen. Das gibt uns die fröhliche Gewissheit:

»Ich werde bleiben im Hause des Herrn immerdar« (Psalm 23,6).

Ein Abglanz der Liebe Gottes darf in unseren menschlichen Elternhäusern strahlen.
Wo der Geist Gottes weht, da ist Heimatluft.

»Ich aber und mein Haus wollen dem Herrn dienen« (Josua 24,15).

Kinder brauchen Liebe

»Kinder, unvergleichbare göttliche Gaben, die wir nicht zu eigen haben.
In das Haus unseres Herzens gegeben, um geliebt und liebend zu lernen.«
Christa Peikert-Flaspöhler

Kein Mensch kann ohne Liebe leben. Ein Kind ist besonders darauf angewiesen.
Die Kinder von heute sind morgen die, von denen wir als alte Menschen geliebt werden wollen.
Es liegt an den Erwachsenen, ob die Kinder lieben lernen. Geliebt zu werden setzt Energien frei.
Ein Brillant leuchtet erst, wenn Licht auf ihn fällt. Menschlichkeit leuchtet erst auf, wenn das wärmende Licht liebevoller Zuwendung einen Menschen trifft.
Wer im Dunkeln der Lieblosigkeit lebt, hat keine Lebenskraft. Ihm fehlt die Wärme, um sich und andere zu lieben.
In einer sozialen Eiszeit wird die Sehnsucht nach einem wärmenden Golfstrom menschlicher Zuwendung immer größer. Das Vertrauen »Ich habe einen Menschen, der für mich ist – nicht gegen mich« hat mehr Bedeutung als einzelne Fehler und Versäumnisse. Ärger oder Versagen in einer liebevollen Beziehung werden weniger zerstören als immerwährende korrekte Handlungen einer perfekten, psychologisch durchdachten, aber herzlosen Erziehung. Gott schenkt uns seine Liebe. Er lädt uns ein, aus dem kalten Dunkeln in die wärmende Sonne seiner Liebe zu kommen. Dann wird der Widerschein seiner Liebe unser Leben erleuchten.
»Was wir einem Kind an Liebe, Wärme und Geborgenheit schenken, das ist, als hätten wir es ›ihm‹ getan« (nach Matthäus 25,40).

Kinder brauchen Freiheit

»Wir können die Kinder nach unserem Sinn nicht formen. So wie Gott sie uns gab, so muss man sie haben und lieben, sie erziehen aufs Beste und jeglichen gewähren lassen.«
Johann Wolfgang von Goethe

Kinder können nicht wie ein kostbares Ausstellungsstück hinter Glas aufbewahrt werden.
Sie sind keine Marionetten, an deren Fäden wir nach Belieben ziehen können.
Sie sind auch keine Knetfiguren, die wir nach unserem Bild zu modellieren hätten.
Jeder Mensch ist ein Gedanke Gottes, sein Ebenbild, ein Kunstwerk des Schöpfers.
Kinder sind in unsere Obhut gegeben, nicht aber in unseren Besitz. Wir sind Gott für sie verantwortlich.
Sie werden größer, sie wachsen. Wachstum braucht liebevolle Pflege.
Aber wer immer an jungen Pflanzen herumschnippelt, verletzt sie nur.
Gott hat uns wunderbar gemacht. Er lässt wachsen. Er liebt uns mit unseren Gaben und Grenzen.
Er leidet darunter, wenn wir uns durch Auswüchse der Sünde selbst zerstören.
Aber Gott schenkt uns aus Liebe die Würde der Freiheit.
Deshalb dürfen wir die, die wir lieben, nie abhängig machen wollen, sie nie an uns fesseln,
sonst werden wir ihre Liebe verlieren.

Kinder brauchen Vorbilder

»Kinder werden durch das erzogen, was der Erwachsene ist,
und nicht durch das, was er schwatzt.«
Carl Gustav Jung

Bilder prägen uns mehr als Worte.
Sie hinterlassen Spuren in unserem Unterbewusstsein. Sie beeinflussen unser Leben.
Wie Eltern ihr Leben gestalten, wirkt auf die Kinder. Im Guten wie im Bösen.
Spannungen im Elternhaus übertragen sich.
Die Art, wie Vater und Mutter miteinander umgehen, beeinflusst das Verhältnis des Kindes zum anderen Geschlecht. Ein Kind, das die Liebe zwischen Mutter und Vater erlebt, kann zu beiden eine gute Beziehung finden und so auch zu sich selbst. Wie Kinder ihren Vater erlebt haben, wirkt sich auf ihre Beziehung zu Gott aus.
Kinder, die zu jemandem aufsehen können, strecken sich nach ihm aus.
Einem Vorbild nachleben zu können heißt Orientierung für das Leben haben.
Ein negatives Vorbild verbildet einen Menschen.
Gott hat uns nach seinem Vorbild geschaffen. Sein Sohn Jesus Christus zeigt uns, wie Gott den Menschen gewollt hat.
Jedes menschliche Vorbild hat Ecken und Kanten, Unschärfen und dunkle Stellen.
Nur Jesus ist vollkommen. Dem Bild Jesu nachzustreben gibt nicht nur Orientierung für die Zeit, sondern Ausrichtung für die Ewigkeit.

Kinder brauchen Verständnis

»Dein Kind ist dir für dein Verstehen dankbarer als für deine Fürsorge.«
Lisa Wenger

Einsamkeit gibt es trotz materiellem Versorgtsein. »Ich habe alles, was ich brauche« kann zu wenig sein. Wenn ich keinen Menschen habe, der an meinem Leben Anteil nimmt, kann ich seelisch verhungern. Kinder und alte Menschen sind besonders auf Fürsorge angewiesen. Wenn wir nur daran denken, dass wir für sie zu sorgen haben, übersehen wir, dass sie uns etwas geben wollen, das wertvoller ist als materieller Besitz: ihre Zuneigung und Liebe. Sie wollen uns Anteil nehmen lassen an ihrem Leben. Kleinigkeiten haben für sie ein anderes Gewicht. Empfindungen sind verletzbarer.
Da ist jemand, der mich versteht. Dieses Wissen kann ein Leben lebenswert machen.
Da ist jemand, der ist mir nah.
Gott ist uns in seinem Sohn nahegekommen. Er wurde Mensch. Gott ist nichts Menschliches fremd. Er versteht uns auf jeden Fall, gleichgültig, wie alt oder jung wir sind, wie arm oder reich, welche Hautfarbe wir haben oder welches Geschlecht, welche Gaben und Grenzen.

Kinder brauchen Grenzen

»Was ein Kind nötig hat, weil es ein grenzsuchendes Wesen ist,
sind Stärkung und Stabilität, damit sich seine Persönlichkeit ausbilden kann.«
Yvette Ingold

Grenzen zu setzen erfordert Geduld, Kraft und Festigkeit. Auseinandersetzungen bei einem Trotzanfall sind anstrengend und unbequem. Aber den Weg des geringsten Widerstandes zu gehen hat nichts mit Liebe zu tun.

Ein Kind versucht zu testen: Wie weit kann ich gehen? Ruhiger Widerstand hilft ihm, seinen Weg zu finden. Ein Kind, das keine Grenzen erlebt, wird nicht stark, sondern schwach, nicht stabil, sondern labil.

Grenze hat für viele die negative Bedeutung »Unfreiheit«. Sie wird als zu eng, als bedrängend und oft als willkürlich empfunden. Abgrenzen – eingrenzen – ausgrenzen klingt dann wie trennen – einengen – ausstoßen.

Aber eine Grenze hat eigentlich die positive Aufgabe, etwas Wertvolles zu schützen und zu bewahren. Durch die Begrenzung ist erst die Entfaltung der Individualität möglich. Grenzen vermitteln das Gefühl der Zugehörigkeit und Geborgenheit.

Darum hat Gott uns Grenzen gesetzt. Sie sollen uns nicht von ihm trennen, sondern von den schlimmen Bindungen, die uns von ihm fernhalten, abgrenzen.

So wird durch die lebensbewahrenden Gebote Gottes die Gemeinschaft der Menschen miteinander geschützt. Sie stoßen uns nicht aus der Reichweite der Liebe Gottes, sondern grenzen das aus, was unsere Menschlichkeit zerstört und verzerrt. Gott hat Grenzen gegeben, weil er uns liebt. Wenn wir unsere Kinder lieben, werden wir ihnen durch das Beachten der Grenzen helfen, dass sich ihr Leben entfalten kann.

Kinder brauchen Ermutigung

»Jedes neugeborene Kind bringt die Botschaft, dass Gott sein Vertrauen in die Menschheit noch nicht verloren hat.«
R. Tagore

Worte können Mut machen. Sie können aber auch vernichten.
Ein freundliches Wort richtet auf. Ein ermunternder Blick gibt Selbstvertrauen. Sätze wie:

»Das kannst du!«
»Das schaffst du!«
»Hab keine Angst.«
»Ich trau dir das zu.«

holen aus Trägheit heraus, setzen in Bewegung. Ermutigung kann bewirken, dass wir über uns selbst hinauswachsen. Ermutigung ist die beste Medizin.
Aber auch in Niederlagen brauchen wir ein gutes Wort, um neu Mut zu bekommen.

»Gott gibt dich nicht auf.«
»Gott fragt nicht nach Leistung.«
»Er liebt dich voraussetzungslos.«

Diese Mut machenden Zusagen reißen aus Resignation und Selbstaufgabe heraus. Gott gibt Mut zum Leben. Das lässt uns zu Mutmachern werden gerade für die »Kleinen«, die es am meisten brauchen. Denen ist Gott ganz besonders nah. Gott liebt Kinder. Jedes Kind hat eine unverwechselbare Würde vor ihm. Diese ermutigenden Mitteilungen dürfen wir keinem Kind schuldig bleiben.

Kinder brauchen Geborgenheit

»Du aber liebe mich, auch wenn ich schmutzig bin.
Denn wenn ich weiß gewaschen wäre, liebten mich ja alle.«
Dostojewski

Jeder Mensch hat das Bedürfnis nach Anerkennung. Besonders ein Kind braucht jemanden, der es so annimmt, wie es ist.

Gerade in der Familie soll es keine Angst haben, nur nach Leistung bewertet zu werden.

Geborgensein heißt: Ich darf der sein, der ich bin. Ich bin gewollt. Ich bin geliebt, auch wenn ich mich schmutzig gemacht habe.

Wir sind von Gott gewollt. Zu ihm können wir kommen, auch wenn wir keine weiße Weste haben.

Auch die dunklen Stellen unseres Lebens dürfen wir ihm zeigen. Er schiebt uns nicht ab.

Er schiebt uns nicht weg.

Gott ist bereit, sich die Hände schmutzig zu machen, um uns bei der Hand zu nehmen. Auch wenn er keinen Grund hat, auf uns stolz zu sein. Er will Licht in unsere Dunkelheiten bringen. Darum ist sein Sohn in die dunkle Stunde der Kreuzigung gegangen. Jesus hat den Schmutz der Welt mit in den Tod genommen. Seitdem ist das Kreuz die Zufluchtsstätte für Sünder.

Es ist lebenswichtig, jemanden zu haben, bei dem ich geborgen bin. Ungeborgenheit führt zur Verzweiflung. Jedes Jahr werden Tausende von Kindern misshandelt. Schon Kinder begehen Selbstmord. Sie kennen keinen anderen Ausweg mehr. Sie haben keine Zuflucht, um sich bergen zu können. Gott gebe, dass unsere Familien wieder Stätten der Geborgenheit werden.

Kinder brauchen Vertrauen

»Was uns die Angst nimmt: Vater und Mutter und vertraute Gesichter, alles, was jeden Tag mit uns lebt, und am Abend das Gutenachtgebet.«
Max Bollinger

Eine Steigerungsform von Angst heißt »Heidenangst«.
Wer ohne Gott lebt, ist der Welt ausgeliefert. Das Trostwort Gottes »Fürchte dich nicht!« hat für den keine Bedeutung mehr, der sein Gottvertrauen verloren hat. Denn ich brauche ja nur dann keine Angst in der Welt mehr zu haben, wenn ich dem Sohn Gottes vertraue, der die Welt überwunden hat.
Er ist stärker als all das, was mir Angst macht.
Die vertrauten Menschen können dem Kind das Vertrauen zu Gott mit auf den Lebensweg geben.
Das Urvertrauen zwischen Kind und Eltern wird dabei zum Vorbild für den Glauben.
Es prägt unser Verhältnis zu Gott. Zerstörtes Vertrauen löst eine Kettenreaktion aus. Misstrauen vergiftet die Beziehung.

»Ich kann nicht mehr vertrauen.«
»Mir vertraut ja doch keiner.«
»Ich habe kein Selbstvertrauen mehr.«
»Gott vertrauen – das kann ich nicht mehr.«

Wo dagegen Vertrauen an Raum gewinnt, werden Verzweiflung, Angst und Ratlosigkeit sich nicht ausbreiten. Wir dürfen uns zu Gott trauen – »zutraulich« werden. So wird er mir vertraut.

Kinder brauchen Zukunft

»Könnte ich nur auf den höchsten Platz in Athen aufsteigen, ich würde meine Stimme erheben und ausrufen: Mitbürger, warum dreht ihr jeden Stein um und kratzt ihn ab und habt so wenig auf eure Kinder acht, denen ihr eines Tages das alles abtreten müsst?«
Sokrates

Was nützt das schönste Erbe ohne Erben? Wir vererben unsere Welt an unsere Kinder.
Es ist nicht nur unsere Aufgabe, das Erbe zu bewahren, sondern auch, unsere Kinder darauf vorzubereiten, dass sie sich als Erben bewähren.
Für den älteren Menschen wird die Zahl der Erinnerungen größer als die Zahl der Erwartungen.
Hoffnungen blättern ab vom Lebensbaum wie Blüten von einer Blume, wie Blätter von einem Herbstbaum.
Für ein Kind liegt noch alles in der Zukunft. Es gibt nichts Traurigeres als erloschene Augen im Gesicht eines Kindes.
Kinder sind unsere Hoffnungen. Darum müssen wir ihnen auch Hoffnung geben und der Resignation der Sprühdosenphilosophie entgegentreten, die behauptet: Es gibt keine Zukunft.
Ein altes Psalmwort sagt: »Wohl dem, der seine Hoffnung setzt auf den Herrn« (Psalm 40,5).
»Jesus Christus gestern und heute und derselbe auch in Ewigkeit« (Hebräer 13,8).
Er ist unsere Zukunft. Mit ihm haben wir Zukunft mit Hoffnung und Hoffnung mit Zukunft.
Das gibt uns Kraft für das Heute.

Gott wird ein Kind

»Sehet dies Wunder,
wie tief sich der Höchste hier beuget;
sehet die Liebe,
die endlich als Liebe sich zeiget.
Gott wird ein Kind,
träget und hebet die Sünd':
alles anbetet und schweiget.«

Gerhard Tersteegen (1731)

Bildnachweis:
Umschlag: Ovidiu Iordachi/Fotolia; Wellenlinie: Regormark/Fotolia
Innenbilder: Wellenlinie: Regormark/Fotolia; S. 1: Ovidiu Iordachi/Fotolia; S. 5: Sascha Burkard/Fotolia; S. 6: petkowich/Fotolia; S. 9: MNStudio/Fotolia; S. 10: Tobilander/Fotolia; S. 13: Jasmin Merdan/Fotolia; S. 14: Getty Images / Aksakalko; S. 17: derejeb/Fotolia; S. 18: Ovidiu Iordachi/Fotolia; S. 21: V.R.Murralinath/Fotolia; S. 22: goodluz/Fotolia; S. 25: poco_bw/Fotolia; S. 26: Getty Images / idal; S. 29: Getty Images / Monkey Business Images Ltd; S. 30: Gyula Gyukli/Fotolia; S. 33: Getty Images / Volodina; S. 34: Getty Images / Digital Vision; S. 37: Getty Images / AndChisPhoto; S. 38: TheFinalMiracle/Fotolia; S. 41: Getty Images / miroslavmisiura; S. 42: Getty Images / Nata_Snow; S. 45: Getty Images / Mary981; S. 46: Getty Images / thefinalmiracle

Bibliografische Information der Deutschen Nationalbibliothek
Die Deutsche Nationalbibliothek verzeichnet diese Publikation in der Deutschen Nationalbibliografie; detaillierte bibliografische Daten sind im Internet über http://www.dnb.de abrufbar.

ISBN 978-3-8429-3538-9

Bestell-Nr. 5.123.538

Umschlaggestaltung und Layout: Ch. Karádi
Gesamtherstellung: Drukarnia Dimograf, Bielsko-Biała, Polen
Printed in the EU 2014

www.media-kern.de